# ATLAS
## DEL
# MUNDO

texto de
PASCALE HÉDELIN

ilustraciones de
ROBERT BARBORINI
BENJAMIN BÉCUE
PIERRE CAILLOU
HÉLÈNE CONVERT
AURÉLIE VITALI

## ideaka
EDELVIVES

# ÍNDICE

## PAISAJES Y ANIMALES DEL MUNDO — 6

Vegetaciones variadas — 8

La sabana — 10

La selva tropical húmeda — 12

La banquisa — 14

La campiña templada — 16

El desierto — 18

La montaña — 20

El agua en el mundo — 22

Del manantial al mar — 24

Bajo el océano — 26

¡Paisajes curiosos! — 28

Las maravillas de la naturaleza — 30

Animales por todas partes — 32

¡Ponte a prueba! — 34

## EL MUNDO RECORTADO — 36

El plano del barrio — 38

Todo tipo de mapas — 40

Una casa en el mundo — 42

¿Qué es un país? — 44

Los continentes — 46

América del Norte — 48

América del Sur — 49

Asia — 50

África — 52

Europa — 54

Oceanía — 56

La Antártida — 57

¡Ponte a prueba! — 58

| | | |
|---|---|---|
| | ¡A la mesa! | 76 |
| | La belleza | 78 |
| | Por las carreteras americanas | 80 |
| | ¡En marcha! | 82 |
| | En una isla del Pacífico | 84 |
| | Las fiestas del mundo | 86 |
| | Los grandes monumentos | 88 |
| ? | ¡Ponte a prueba! | 90 |

## LOS SERES HUMANOS EN TODO EL MUNDO    60

| | | |
|---|---|---|
| | En una gran ciudad de Asia | 62 |
| | Juegos para todos | 64 |
| | Los nómadas de Mongolia | 66 |
| | Las casas del mundo | 68 |
| | En la alta montaña | 70 |
| | Las escuelas del mundo | 72 |
| | Un mercado en Costa de Marfil | 74 |

**escribir**

Todos los nombres de este libro de imágenes van acompañados de su correspondiente artículo determinado. Los verbos y las acciones se destacan con un recuadro para que el niño mejore la comprensión de los diferentes tipos de palabras.

**?**

Al final de cada apartado general se incluye una doble página titulada «¡Ponte a prueba!», donde se plantean actividades destinadas a comprobar cuánto se ha aprendido.

**A-Z**

En el índice alfabético que hay al final del libro encontrarás enseguida la palabra que buscas.

En la parte inferior de cada doble página se remite a otras páginas que tratan un tema complementario. De este modo, se puede cambiar el orden de lectura y relacionar mejor los conocimientos.

# PAISAJES Y ANIMALES
## DEL MUNDO

# VEGETACIONES VARIADAS

En nuestro planeta, existen grandes regiones
naturales con paisajes muy diferentes.

la tundra

**la selva
templada**

Siberia

los montes
Urales

el desierto
de Gobi

el Himalaya

los Alpes

la Gran Llanura
Europea

el Cáucaso

el Atlas

el desierto del Sahara

el desierto
de Arabia

el Sahel

el valle del Rift

la cuenca
del Congo

la sabana

el Gran Desierto
de Victoria

el desierto
del Kalahari

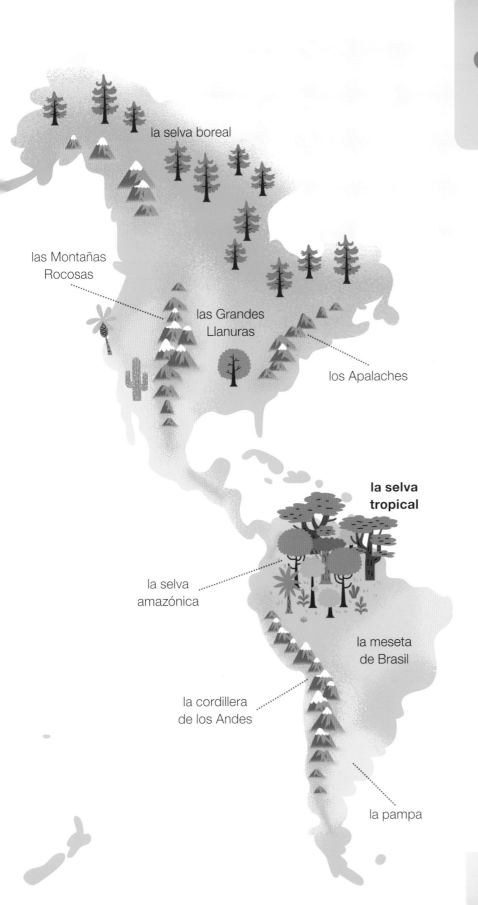

la selva boreal

las Montañas
Rocosas

las Grandes
Llanuras

los Apalaches

**la selva
tropical**

la selva
amazónica

la meseta
de Brasil

la cordillera
de los Andes

la pampa

# ¿POR QUÉ EXISTEN PAISAJES DIFERENTES?

Si pudieras dar la vuelta al mundo, verías una enorme variedad de paisajes. Cambian en función del clima.

El clima es el tiempo que hace habitualmente en una región: frío, cálido, seco, húmedo...

El clima es diferente según la zona del mundo en la que nos encontremos. ¡Y las plantas y los animales también varían!

Las maravillas de la naturaleza **30**

Animales por todas partes **32**

# LA SABANA

La sabana es una gran extensión de vegetación salpicada de árboles. Se encuentra en regiones cálidas, como aquí en África.

las cabras

la acacia

las ovejas

las hierbas secas

el pastor masái

el cadáver de gacela

la hiena

el babuino

el baobab

el rebaño de cebras

darse un baño de lodo

la charca

el rinoceronte

el incendio de los matorrales

el ñu

el guepardo

la gacela

la jirafa

el buitre

el elefante

la leona

el león

el cachorro de león

Si vives en un país templado, como por ejemplo España, estarás habituado a tener cuatro estaciones: primavera, verano, otoño e invierno.

En la sabana, sin embargo, solo existen dos: la estación seca, en la que hace un calor muy seco, y la húmeda, en la que llueve mucho.

En la estación seca, las hierbas se mueren de sed. Gracias a las lluvias de la estación húmeda, vuelven a crecer. Pero hace calor todo el año.

11

# LA SELVA TROPICAL HÚMEDA

Esta espesa selva se encuentra en América del Sur, en Asia y en África. En ella hace un calor muy intenso, hay mucha humedad y crece una gran variedad de plantas.

**la selva amazónica**

la lluvia tropical

la palmera

el guacamayo

el murciélago

el capoquero

la mariposa morfo azul

el tucán

pescar con arco

los indios yawalapitis

recoger la mandioca

el colibrí

la piraña

la rana flecha azul

el dosel arbóreo

el tamarino
leonado

el jaguar

la liana

el castaño
de Brasil

el tapir

la boa esmeralda

el caimán

¡Pues precisamente la selva amazónica! Se extiende por nueve países y podría cubrir diez veces España.

Pero los hombres necesitan espacio para levantar pueblos, trazar carreteras, cultivar campos...; por todo ello, talan los árboles.

Esto se conoce como deforestación: la extensión de la selva amazónica disminuye. Pero hay personas que luchan para preservarla.

# LA BANQUISA

En torno al Polo Norte hay un océano parcialmente cubierto de hielo y rodeado de tierras. ¡Es una de las zonas más frías del planeta!

los araos

el búho nival

la morsa

la moto de nieve

la banquisa

el rompehielos

la cría de foca

el agujero en el hielo

la foca

el científico

el zorro polar

la orca

el iceberg

la ballena gris

el deshielo

el oso polar

¿QUÉ ES LA BANQUISA?

¿Te has fijado? Aquí no hay árboles, pero sí hielo y nieve por todas partes. El propio océano luce un abrigo de hielo: es la banquisa.

La banquisa es agua de mar, agua salada. Solidificada en una gruesa capa, flota sobre el océano líquido. En verano, una parte de ella se funde.

Por cierto, aquí el sol no se pone en verano. ¡Es de día todo el tiempo! Por el contrario, ¡en invierno es de noche durante cuatro meses seguidos!

# LA CAMPIÑA TEMPLADA

En este espacio natural explotado por el ser humano no hace ni demasiado calor en verano ni demasiado frío en invierno.

el bosque

el erizo

el corzo

la carretera

los estorninos

el tractor

el agricultor

la pradera

la liebre

el seto

la plantación de colza

el ganado

el prado

la valla

el camino

el avellano

la colina

el pueblo

el tilo

el trigal

el halcón

la bala
de heno

el zorro
rojo

los excursionistas

la granja

el sendero

# ¿HAY CAMPESINOS EN CUALQUIER LUGAR DEL MUNDO?

Un campesino es alguien que cultiva la tierra y cría animales. ¡El ser humano desempeña estas labores desde hace miles de años!

Hay campesinos en todas partes, incluso en el desierto del Sahara, donde el clima es muy seco, o en Groenlandia, donde hace mucho frío.

Algunos consiguen lo justo para alimentar a sus familias. Otros regentan grandes explotaciones y ganan mucho dinero.

América del Norte 48

Europa 54

# ⭐ EL DESIERTO

Un desierto es una región muy muy seca.
Allí apenas hay plantas, animales y seres
humanos. ¡Pero a pesar de ello hay vida!

**el desierto del Sahara**

la duna

salir por
la noche

el jerbo

el campamento tuareg

los tuaregs

el dromedario

el addax

el euforbio

la langosta migratoria

el escorpión
de cola gruesa

la coloquíntida
del desierto

el oasis

el pozo

extraer agua

la víbora cornuda

el lagarto de cola
espinosa

la madriguera

el zorro del desierto

el taray

En el Sahara, el mayor de los desiertos y uno de los más secos, hace mucho calor: hasta 50 °C durante el día.

Por la noche refresca, y los animales salen de los refugios donde se protegían del calor. ¡En invierno puede llegar a helar!

El desierto de Gobi es el lugar más frío del mundo después de la Antártida. ¡En invierno, por la noche, hace más frío que en tu congelador!

Animales por todas partes **32**
Los nómadas de Mongolia **66**

# LA MONTAÑA

En algunos lugares del planeta, el terreno se eleva
y asciende muy muy alto, así se yerguen las montañas.
Están hechas de rocas.

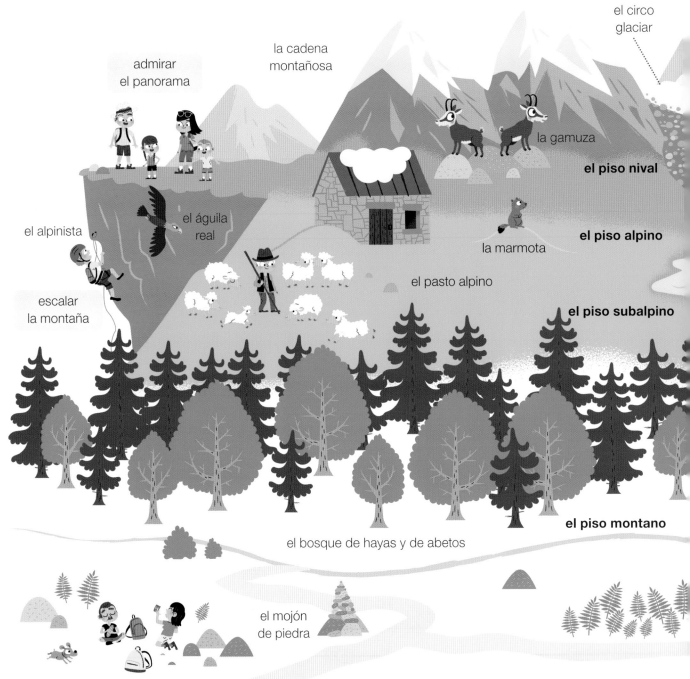

el circo
glaciar

la cadena
montañosa

admirar
el panorama

la gamuza

**el piso nival**

el águila
real

el alpinista

la marmota

**el piso alpino**

escalar
la montaña

el pasto alpino

**el piso subalpino**

**el piso montano**

el bosque de hayas y de abetos

el mojón
de piedra

**el piso basal**

el pico

la cumbre

la pendiente

el glaciar

el edelweiss

el campañol
de las nieves

la pedrera

el íbice

la perdiz nival

el pino negro

el abeto
rojo

los helechos

Las montañas con la cima en forma de punta, como los Alpes, son jóvenes y todavía no han sufrido los efectos de la erosión.

La erosión es la acción de desgaste ejercida por el viento, la lluvia, el frío... Las montañas más antiguas tienen una cumbre redondeada.

La montaña más alta del mundo es el Everest, que se alza en la cordillera del Himalaya, en Asia, y mide 8848 metros. ¡Todo un gigante!

# EL AGUA EN EL MUNDO

La mayor parte de nuestro planeta está cubierta de agua. Esa es la razón por la que se le suele llamar «el planeta azul».

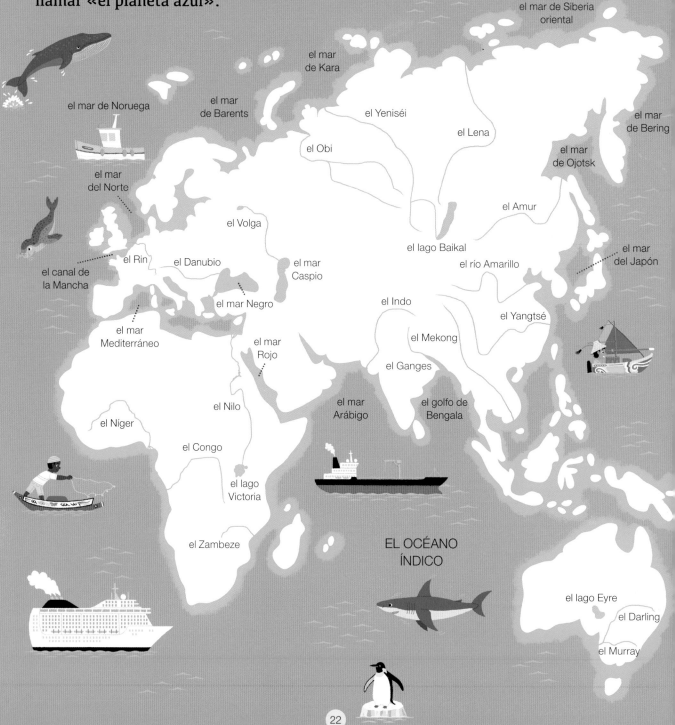

el mar de Siberia oriental

el mar de Kara

el mar de Noruega

el mar de Barents

el Yeniséi

el Lena

el mar de Bering

el Obi

el mar de Ojotsk

el mar del Norte

el Amur

el Volga

el lago Baikal

el mar del Japón

el Rin

el Danubio

el mar Caspio

el río Amarillo

el canal de la Mancha

el mar Negro

el Indo

el Yangtsé

el mar Mediterráneo

el mar Rojo

el Mekong

el Ganges

el Nilo

el mar Arábigo

el golfo de Bengala

el Níger

el Congo

el lago Victoria

el Zambeze

EL OCÉANO ÍNDICO

el lago Eyre

el Darling

el Murray

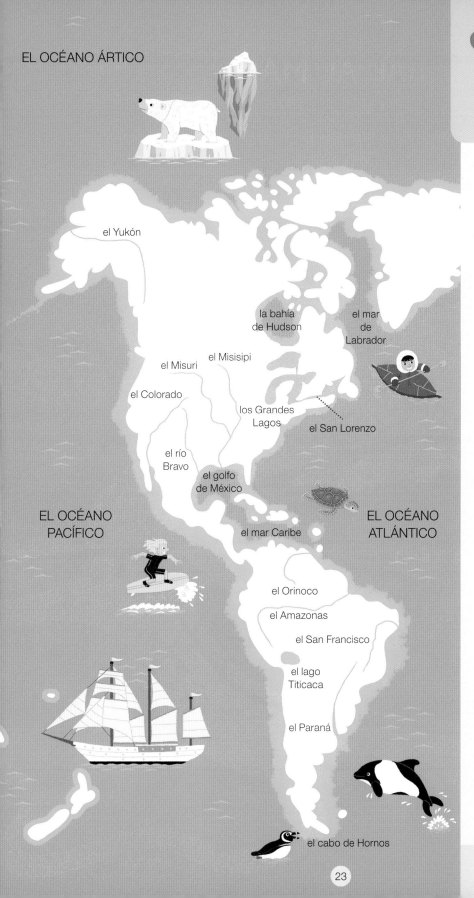

EL OCÉANO ÁRTICO

el Yukón

la bahía
de Hudson

el mar
de
Labrador

el Misisipi

el Misuri

el Colorado

los Grandes
Lagos

el San Lorenzo

el río
Bravo

el golfo
de México

EL OCÉANO
PACÍFICO

el mar Caribe

EL OCÉANO
ATLÁNTICO

el Orinoco

el Amazonas

el San Francisco

el lago
Titicaca

el Paraná

el cabo de Hornos

# ¿CUÁL ES LA DIFERENCIA ENTRE EL MAR Y EL OCÉANO?

En los mapas del mundo ves grandes extensiones de agua. Algunas de ellas se denominan «mares» y otras «océanos».

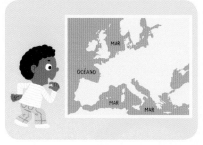

Océanos y mares son masas de agua salada, pero los primeros son mucho más vastos. Sin embargo, tanto los ríos como los lagos son de agua dulce.

El agua dulce es un bien escaso y muy preciado. También se encuentra bajo tierra y en forma de hielo, en particular en los polos.

# DEL MANANTIAL AL MAR

El agua en la Tierra puede adoptar diferentes
formas. Aunque se le dé distintos nombres,
¡no deja de ser agua!

la playa de arena

el mar

la bahía

la desembocadura

la laguna

el puente

la orilla

la charca

el río

el arroyo

la cascada

la presa

el manantial

el regato

el lago

el afluente

la ciénaga

# ¿DE DÓNDE
## VIENE EL AGUA?

¡Plic, plic: llueve! Puedes ver que las gotas caen de las nubes. Se deslizan y siguen su camino...

Llegan a un arroyo y después a un río que desemboca en el mar. El calor del sol convierte parte de esa agua en vapor.

En el cielo, el vapor se enfría, se convierte en gotas y forma una nube. Cuando son muy numerosas y pesadas, caen: ¡entonces llueve!

25

El agua en el mundo **22**

# BAJO EL OCÉANO

Existe todo un mundo bajo el agua, con sus animales,
sus plantas, sus montañas y sus llanuras.
¡He aquí el océano Pacífico!

las olas

la albufera

la playa

la tortuga marina

el pez loro

admirar los fondos marinos

el pez payaso

el cohombro
de mar

el banco
de arena

el tiburón gris

la submarinista

la cueva submarina

la gamba
emperador

la fuente
hidrotermal

la luz del sol

el arrecife
de coral

**las aguas claras**

la estrella
de mar
azul

el cocodrilo
marino

la manta
gigante

comer
el coral

**las aguas oscuras**

la corona
de espinas

el pulpo sureño
de anillos azules

la falla

el batiscafo

los abismos
marinos

27

Mucho antes de la época de los dinosaurios, la lluvia ácida erosionó las rocas de la Tierra y les arrancó minielementos: los minerales.

Esta lluvia acababa llegando a los ríos, y después a los mares y océanos. Una vez allí, los minerales se depositaron en el fondo, sin desplazarse.

Poco a poco se convirtieron en sal. En los ríos, sin embargo, los minerales eran arrastrados, de modo que no les daba tiempo a convertirse en sal.

Oceanía **56**
En una isla del Pacífico **84**

# 🌋 ¡PAISAJES CURIOSOS!

Por toda la Tierra se encuentran a veces paisajes muy extraños. No han sido creados por la mano del ser humano, sino por la naturaleza.

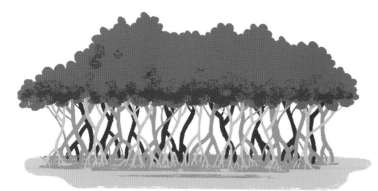

el manglar, un bosque que crece en el mar

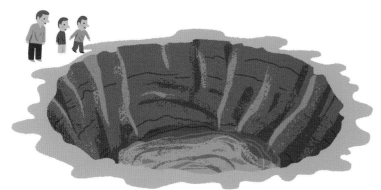

el volcán de lodo

la secuoya gigante

la estalagmita

la estalactita

la gruta

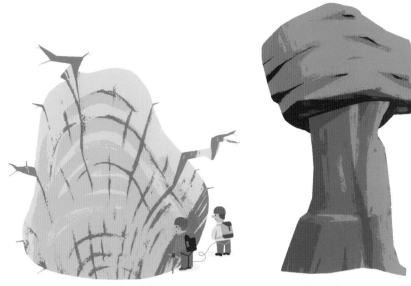

el pozo de hielo

la seta rocosa

el volcán

los estratos geológicos, diferentes capas de rocas

# ¿POR QUÉ LOS VOLCANES ESCUPEN FUEGO?

¡Los volcanes son impresionantes cuando entran en erupción! Arrojan al cielo lava ardiente, rocas, nubes de cenizas...

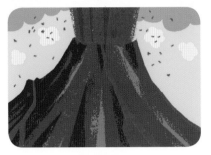

En las profundidades de la Tierra hay magma: una especie de pasta muy muy caliente que contiene rocas fundidas y gases.

Las burbujas de gas que se forman empujan el magma hacia la superficie hasta que acaba saliendo con mucha fuerza por el cráter de los volcanes.

# LAS MARAVILLAS DE LA NATURALEZA

¡Estos paisajes naturales son tan hermosos
que están protegidos y son valiosos para
todos los seres humanos!

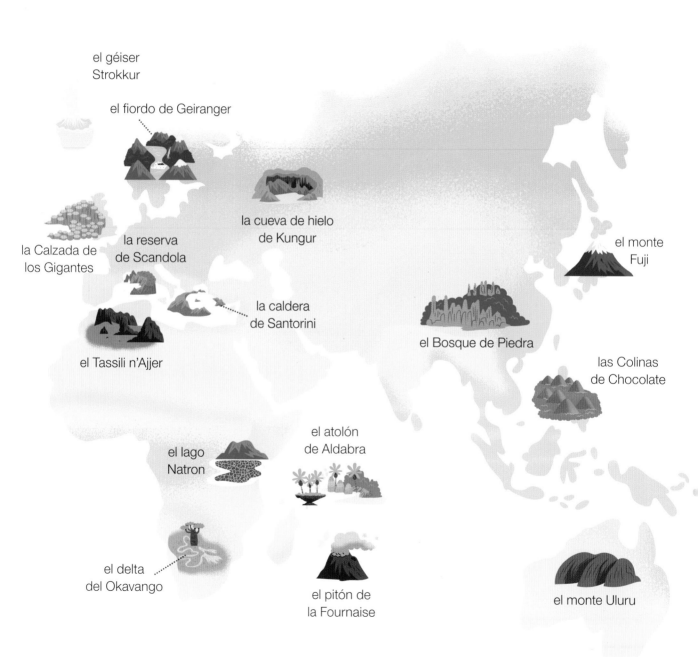

el géiser
Strokkur

el fiordo de Geiranger

la cueva de hielo
de Kungur

la reserva
de Scandola

el monte
Fuji

la Calzada de
los Gigantes

la caldera
de Santorini

el Bosque de Piedra

el Tassili n'Ajjer

las Colinas
de Chocolate

el atolón
de Aldabra

el lago
Natron

el delta
del Okavango

el pitón de
la Fournaise

el monte Uluru

el parque nacional
de los Arcos

el Gran
Cañón del
Colorado

los bayous

los Everglades

el Gran
Agujero Azul

el tepuy del Salto
del Ángel

el salar de Uyuni

el desierto
de Atacama

las cataratas
del Iguazú

el Pan de
Azúcar
de Río de
Janeiro

el glaciar Perito
Moreno de
la Patagonia

# ¿POR QUÉ ALGUNAS ROCAS TIENEN FORMAS EXTRAÑAS?

El Gran Cañón, el parque nacional de los Arcos... son paisajes extraordinarios. ¡Parece que hubieran sido esculpidos!

La responsable es la erosión, como en el caso de las montañas: las rocas se desgastan a causa de la lluvia, el viento, las heladas, los ríos...

Esta transformación se produce durante millones de años. La del Gran Cañón comenzó mucho antes de la aparición del ser humano.

# ANIMALES POR TODAS PARTES

Cada especie animal habita en el lugar
que se adapta mejor a su forma de vivir.

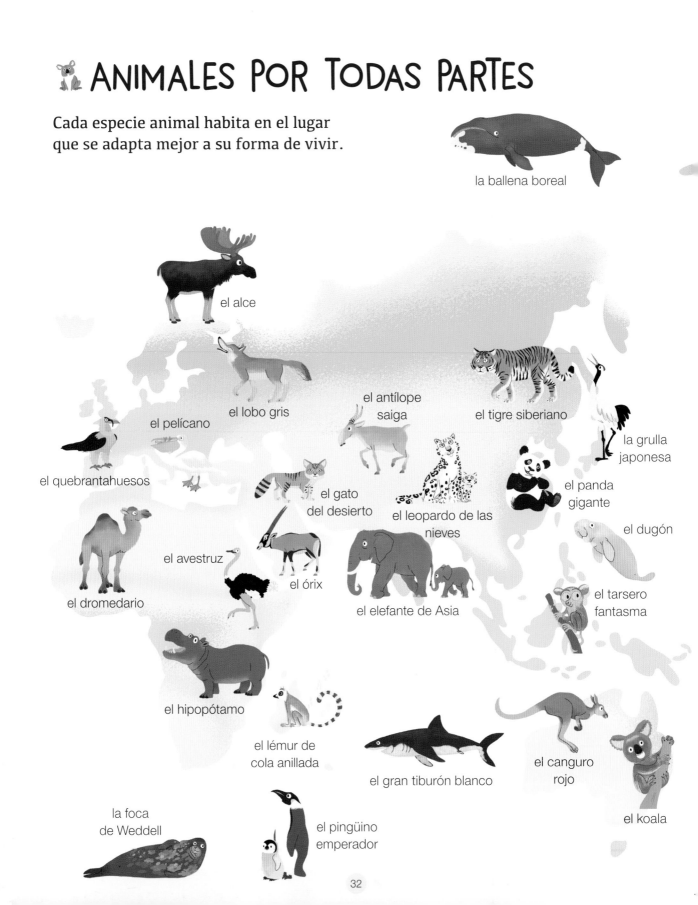

la ballena boreal

el alce

el lobo gris

el antílope
saiga

el tigre siberiano

el pelícano

la grulla
japonesa

el quebrantahuesos

el gato
del desierto

el leopardo de las
nieves

el panda
gigante

el dugón

el avestruz

el órix

el dromedario

el elefante de Asia

el tarsero
fantasma

el hipopótamo

el lémur de
cola anillada

el gran tiburón blanco

el canguro
rojo

el koala

la foca
de Weddell

el pingüino
emperador

el oso polar

el oso grizzly

el caribú

la beluga

el bisonte

el águila de cabeza blanca

el coyote

el caimán

la ballena azul

la tortuga laúd

la iguana marina

el tucán

la llama

el perezoso

el pez mariposa

el oso hormiguero

el cóndor

el delfín mular

## ¿HAY ALGÚN LUGAR EN LA TIERRA SIN ANIMALES?

En la Tierra hay regiones heladas, otras muy cálidas o muy sombrías... Parece imposible que pueda haber vida en ellas.

Sin embargo, los animales habitan en los desiertos, en las grutas, en el fondo de los océanos, sobre el hielo, en la cumbre de las montañas...

¡Incluso podrías cruzarte con animales salvajes en las ciudades! En ellas encuentran calor, refugio y alimento.

Vegetaciones variadas **8**

# ¡PONTE A PRUEBA!

Señala, en este mapa de América, la selva tropical y la selva boreal.

Une cada uno de estos animales con la región natural en la que habita.

la sabana

la selva tropical

el desierto

la banquisa

¿Cuáles de estos árboles se pueden encontrar en la sabana?

el abeto rojo          la acacia          el capoquero          el baobab          la secuoya gigante

Observa esta imagen. Con el dedo, sigue el camino
del agua desde el manantial hasta el mar.
¿Dónde está la cascada? ¿Cómo se llama el lugar donde
el río se une con el mar?

¿Has visto alguno de estos animales salvajes
en la naturaleza o en un zoo?
¿Cuál es tu animal preferido?

# EL MUNDO
# RECORTADO

# EL PLANO DEL BARRIO

Seguro que conoces tu barrio y serías
capaz de representarlo en forma de plano,
como si fuera un mapa.

el árbol
retorcido

la iglesia

el cartero

la panadería

el quiosco

la rotonda

el parque

**el barrio como se ve de verdad**

la iglesia

el quiosco

la panadería

la rotonda

el parque

**el plano del barrio**

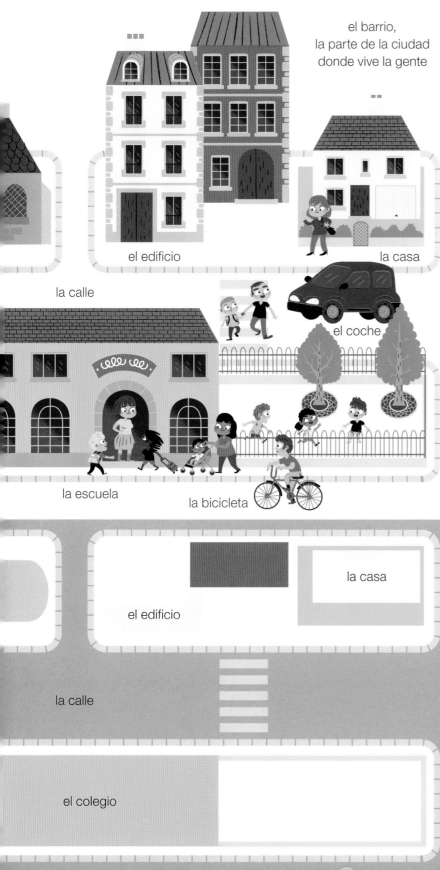

el barrio,
la parte de la ciudad
donde vive la gente

el edificio

la casa

la calle

el coche

la escuela

la bicicleta

el edificio

la casa

la calle

el colegio

Cuando paseas por tu barrio, ves los edificios de frente, desde el suelo, pero imagínate que alguien los sobrevolara...

... y dibujase lo que ve con formas muy sencillas: la calle, los edificios, el parque... El dibujo resultante sería un plano.

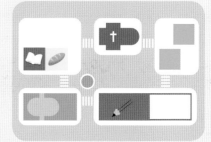

Un plano también sirve para trazar un camino. Por ejemplo, el que te llevaría del colegio a la panadería.

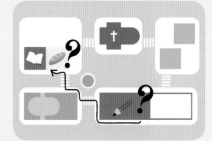

Todo tipo de mapas **40**
Una casa en el mundo **42**

# TODO TIPO DE MAPAS

Nuestro planeta tiene forma de esfera. Para representarla en plano a través de un dibujo, hay varias soluciones.

el globo terráqueo

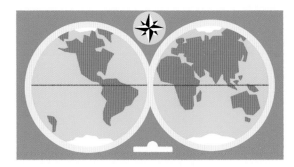

el mapamundi
las 2 caras de la Tierra

el planisferio centrado en Europa
la Tierra aplanada con Europa en el centro

el planisferio centrado en Asia
la Tierra aplanada con Asia en el centro

el mapa físico
el relieve de los países: las llanuras, las montañas…

el mapa político
los diferentes países

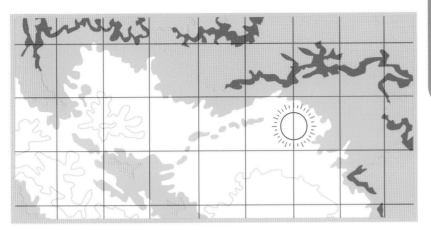

la carta náutica
las costas, las profundidades del mar y el relieve marino

Un mapa nos muestra con detalle la Tierra en su totalidad o solamente una zona en particular.

Ofrece una información minuciosa que permite situar un país, una ciudad, un río, un mar...

También nos muestra la distancia que separa dos lugares. Por ejemplo, ¿te parece que Australia está cerca de España?

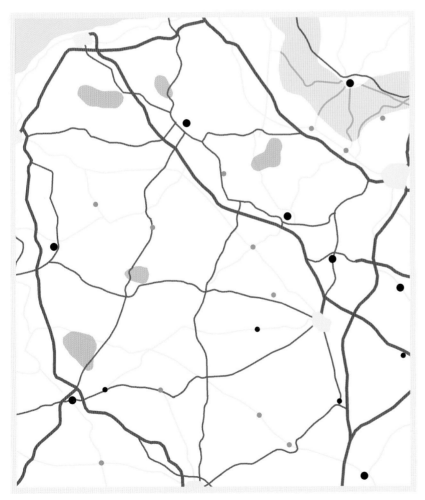

el mapa de carreteras
las carreteras

El plano del barrio **38**
América del Sur **49**

# ⦿ UNA CASA EN EL MUNDO

El sitio donde vivimos cada uno de nosotros se encuentra en un pequeño lugar muy preciso dentro del vasto mundo.

la casa

La casa está en el barrio.

El barrio está en la ciudad.

La ciudad está en el país.

El país está en el continente.

El continente está en el mundo.

# ¿QUÉ ES UNA CAPITAL?

Seguro que has escuchado alguna vez que Madrid es la capital de España, o que Londres es la capital del Reino Unido...

Una capital es una ciudad muy importante. Allí se encuentran las personas que dirigen el país: el gobierno.

En un mapa, las capitales están marcadas con un punto más grueso que las demás ciudades. ¿Puedes ver la capital de China?

¿Qué es un país? **44**
Los continentes **46**

# ¿QUÉ ES UN PAÍS?

Un país es un territorio habitado por un conjunto de personas y dirigido por un gobierno. ¡Cada país tiene sus particularidades! He aquí tres ejemplos.

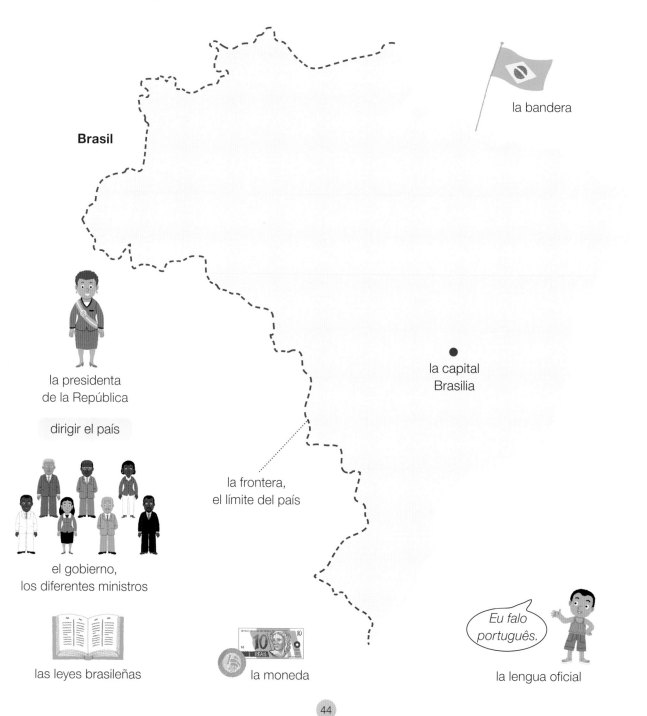

la bandera

Brasil

la presidenta
de la República

dirigir el país

el gobierno,
los diferentes ministros

la capital
Brasilia

la frontera,
el límite del país

las leyes brasileñas

la moneda

Eu falo
português.

la lengua oficial

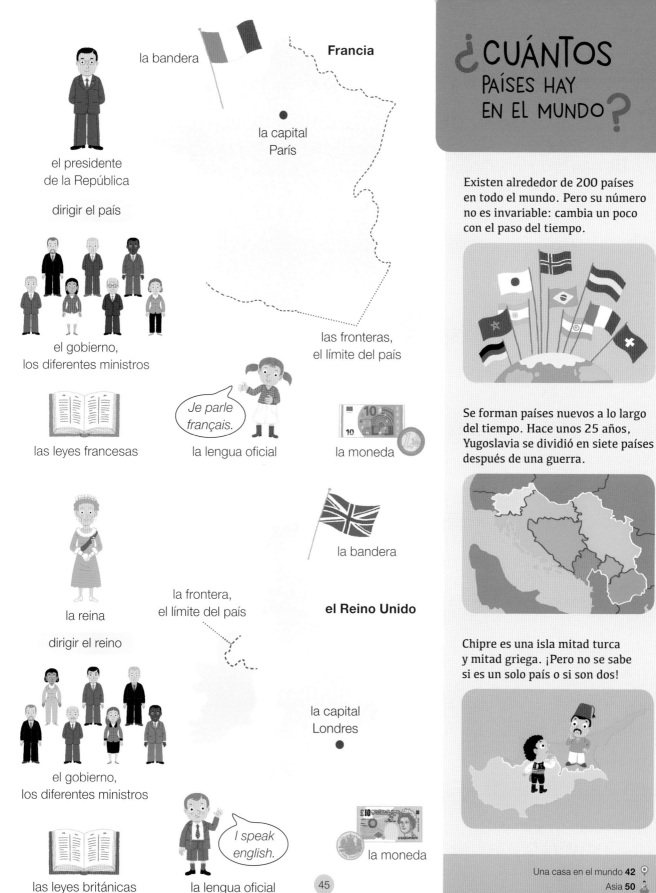

la bandera

**Francia**

el presidente
de la República

dirigir el país

la capital
París

el gobierno,
los diferentes ministros

las fronteras,
el límite del país

las leyes francesas

*Je parle français.*

la lengua oficial

la moneda

la reina

dirigir el reino

la frontera,
el límite del país

**el Reino Unido**

la bandera

el gobierno,
los diferentes ministros

la capital
Londres

las leyes británicas

*I speak english.*

la lengua oficial

la moneda

Existen alrededor de 200 países en todo el mundo. Pero su número no es invariable: cambia un poco con el paso del tiempo.

Se forman países nuevos a lo largo del tiempo. Hace unos 25 años, Yugoslavia se dividió en siete países después de una guerra.

Chipre es una isla mitad turca y mitad griega. ¡Pero no se sabe si es un solo país o si son dos!

45

Una casa en el mundo **42**

Asia **50**

# 🌍 LOS CONTINENTES

Un continente es una enorme extensión de tierra, normalmente limitada por uno o varios océanos. Existen seis.

Europa

Asia

África

Oceanía

la Antártida

América

Hace mucho mucho tiempo, en la época de los primeros dinosaurios, existía una única extensión de tierra en nuestro planeta.

Poco a poco se fue dividiendo en grandes bloques que se alejaron unos de otros. Este movimiento se llama deriva continental.

Los seis continentes que se formaron siguen moviéndose. ¡Algún día, América y Asia tal vez vuelvan a estar unidas!

# AMÉRICA DEL NORTE

EL OCÉANO
ÁRTICO

Groenlandia
(Dinamarca)

Alaska
(Estados Unidos
de América)

Canadá

la bahía
de Hudson

Estados Unidos
de América

EL OCÉANO
ATLÁNTICO

EL OCÉANO
PACÍFICO

México

el golfo
de México

el mar
Caribe

Belice

Honduras
Costa Rica

Guatemala

El Salvador

Nicaragua

Panamá

# AMÉRICA DEL SUR

EL OCÉANO
ATLÁNTICO

las Antillas

las Bahamas

Cuba

República
Dominicana

Puerto Rico

Jamaica

Haití

Guayana

Venezuela

Surinam

Colombia

la Guayana
Francesa
(Francia)

las islas
Galápagos
(Ecuador)

Brasil

Ecuador

Bolivia

Perú

Paraguay

EL OCÉANO
PACÍFICO

Argentina

la isla de Pascua

Uruguay

Chile

las islas
Malvinas

el cabo de Hornos

## ¿DÓNDE ESTÁ EL NORTE?

Necesitamos orientarnos en los mapas o los planos. Por eso en ellos se indican cuatro direcciones principales: los puntos cardinales.

El norte está en la parte de arriba del mapa; el sur, en la parte de abajo; el oeste se encuentra a la izquierda, y el este, a la derecha.

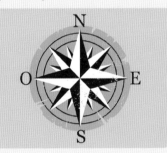

La brújula es un pequeño instrumento de orientación que resulta muy práctico: ¡la punta de su aguja siempre señala el norte!

La selva tropical húmeda **12**

Por las carreteras americanas **80**

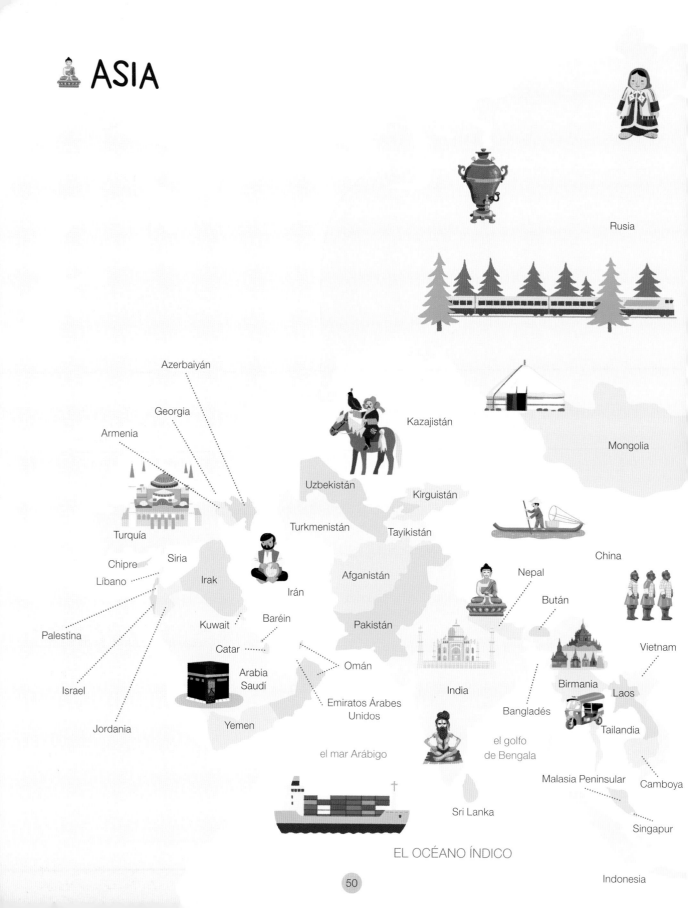

# ASIA

Rusia

Azerbaiyán

Georgia

Armenia

Kazajistán

Mongolia

Turquía

Uzbekistán

Kirguistán

Turkmenistán

Tayikistán

China

Chipre

Siria

Líbano

Irak

Afganistán

Nepal

Irán

Bután

Palestina

Kuwait

Baréin

Pakistán

Vietnam

Catar

Omán

Birmania

Laos

Israel

Arabia
Saudí

India

Bangladés

Tailandia

Jordania

Yemen

Emiratos Árabes
Unidos

el golfo
de Bengala

Malasia Peninsular

Camboya

el mar Arábigo

Sri Lanka

Singapur

EL OCÉANO ÍNDICO

50

Indonesia

EL OCÉANO
ÁRTICO

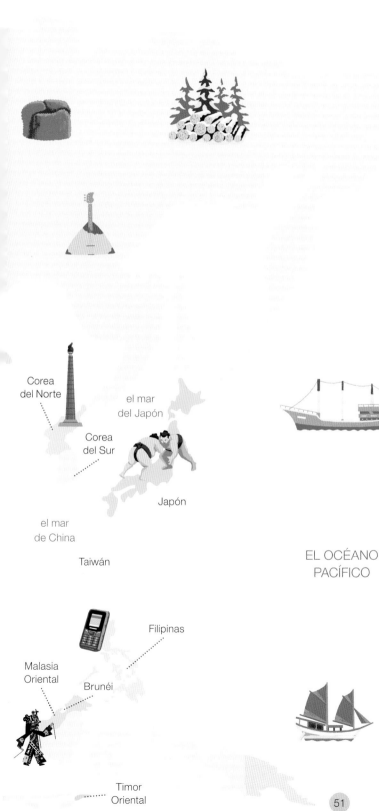

Corea
del Norte

el mar
del Japón

Corea
del Sur

Japón

el mar
de China

Taiwán

EL OCÉANO
PACÍFICO

Filipinas

Malasia
Oriental

Brunéi

Timor
Oriental

Existen países de todos los
tamaños: minúsculos, medianos,
gigantes... ¡China, por ejemplo,
es 40 veces más grande que Laos!

El país más grande del mundo es
Rusia. Se extiende en su mayor
parte por Asia y un poco por Europa.

El país más pequeño del mundo es
Ciudad del Vaticano. Se encuentra en
el interior de otro país, Italia. ¡Tiene
el mismo tamaño que un pueblo!

En una gran ciudad de Asia **62**

Los nómadas de Mongolia **66**

Senegal
Gambia
Guinea-Bissau
Guinea
Burkina
Faso
Sierra Leona
Liberia
Costa
de Marfil
Ghana
Guinea Ecuatorial
Togo
Benín
Nigeria
Santo Tomé
y Príncipe
Camerún
Gabón
Congo
Chad
República
Centroafricana
Sudán
Sudán
del Sur
Eritrea
Yibuti
Etiopía
Somalia
Uganda
Ruanda
Burundi
República
Democrática
del Congo
Kenia
Tanzania
Angola
Namibia
Zambia
Botsuana
Zimbabue
Malaui
Mozambique
las Comoras
Mayotte
(Francia)
las Seychelles
Sudáfrica
Lesoto
Suazilandia
Madagascar
Mauricio
Reunión
(Francia)

EL OCÉANO
ATLÁNTICO

EL OCÉANO
ÍNDICO

52

# ¿QUÉ ES UN HEMISFERIO?

En los mapas, la Tierra está dividida en dos mitades: el hemisferio norte, en la parte de arriba, y el hemisferio sur, en la de abajo.

Estas dos partes están separadas por una línea imaginaria que da toda la vuelta al globo terráqueo: el ecuador.

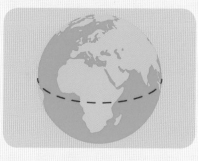

Las estaciones están invertidas en los dos hemisferios. ¡Cuando es invierno en el norte, es verano en el sur!

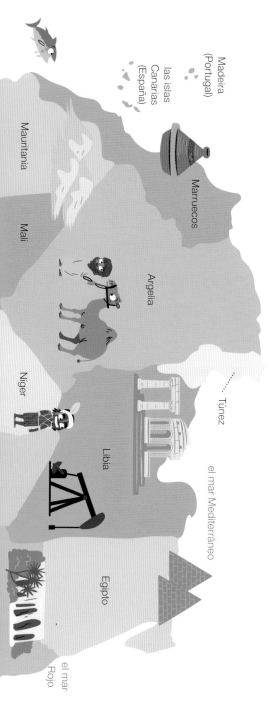

## ÁFRICA

EL OCÉANO ATLÁNTICO

Madeira (Portugal)

las islas Canarias (España)

Mauritania

Mali

Níger

Marruecos

Argelia

Túnez

Libia

el mar Mediterráneo

Egipto

el mar Rojo

# EUROPA

el mar
de Noruega

Islandia

las islas Feroe
(Dinamarca)

Suecia

Finlandia

el mar
del Norte

Noruega

el mar
Báltico

Estonia

Dinamarca

Letonia

Rusia

Lituania

Reino Unido

Países Bajos

Bielorrusia

Irlanda

Bélgica

Polonia

Ucrania

Alemania

el canal
de la Mancha

República
Checa

Eslovaquia

Moldavia

Luxemburgo

Liechtenstein

Austria

Hungría

EL OCÉANO
ATLÁNTICO

Suiza

Francia

Eslovenia

Rumanía

Italia

Croacia

Mónaco

Bosnia y
Herzegovina

Serbia

Andorra

Kosovo

Bulgaria

Montenegro

Macedonia

Turquía

España

Ciudad
del Vaticano

Albania

islas Baleares

el mar Mediterráneo

Portugal

Grecia

Gibraltar
(Reino Unido)

Malta

54

Rusia

el mar Negro

el mar
Caspio

La Unión Europea es un conjunto de países de Europa que se han unido. ¡Forman una especie de gran familia!

Todos estos países son independientes, pero se alían para ser más fuertes, comerciar, trabajar juntos y vivir en paz.

No toda Europa forma parte de la Unión Europea. En la actualidad, la forman 28 países.

La campiña templada **16**
La montaña **20**

# 🪃 OCEANÍA

Oceanía es un continente situado en el océano Pacífico, conformado por una isla muy grande y millares de pequeñas islas aisladas.

EL OCÉANO PACÍFICO

las islas Midway (Estados Unidos de América)

las islas Marianas del Norte (Estados Unidos de América)

las islas Marshall

Hawái (Estados Unidos de América)

Guam (Estados Unidos de América)

Micronesia

Kiribati

Nauru

Tuvalu

Papúa Nueva Guinea

las islas Salomón

Wallis y Futuna (Francia)

las islas Samoa

Vanuatu

las islas Fiyi

Nueva Caledonia (Francia)

Tonga

las islas Cook

la Polinesia Francesa (Francia)

Australia

EL OCÉANO PACÍFICO

Tasmania

Nueva Zelanda

# LA ANTÁRTIDA

Este continente está cubierto de hielo.
¡Es el lugar más frío del planeta!

las islas Shetland del Sur

EL OCÉANO PACÍFICO

la península antártica

EL OCÉANO ATLÁNTICO

la barrera de hielo Filchner-Ronne

la Antártida occidental

la Tierra de la Reina Maud

la barrera de hielo de Ross

el Polo Sur

la Antártida oriental

la Tierra Adelia

la Tierra de Wilkes

EL OCÉANO ÍNDICO

¿QUIÉN VIVE EN LA ANTÁRTIDA?

La Antártida es un inmenso desierto helado azotado por los vientos y aislado del resto del mundo. ¡Allí la vida es muy difícil!

Hay animales que viven en ese continente, sobre todo pingüinos. Pero no está habitado por ningún pueblo. ¡No pertenece a nadie!

Científicos de alrededor de 20 países realizan estudios en las bases allí instaladas. ¡Pero no se quedan a vivir allí para siempre!

La banquisa **14**

En una isla del Pacífico **84**

# ¡PONTE A PRUEBA!

¿Cuál de estos mapas representa a África?

Estas imágenes muestran
el barrio y el plano del barrio.
Indica en el plano la panadería,
el colegio y la iglesia.

¿Qué podemos encontrar
en la Antártida?

He aquí tres mapas diferentes.
¿Sabes cómo se llaman? ¿Para qué sirven?

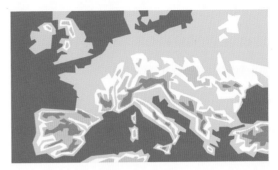

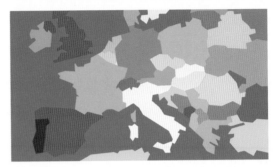

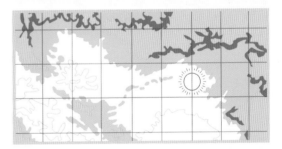

¡En el mundo hay muchos países!
¿Cómo se llaman tu ciudad y tu país?
¿Cuál es su capital? ¿Y su moneda?

# LOS SERES HUMANOS EN TODO EL MUNDO

# EN UNA GRAN CIUDAD DE ASIA

¡Bienvenido a Tokio, la capital de Japón!
Es una de las mayores ciudades
del mundo.

la pantalla gigante

cantar en un karaoke

comer pescado crudo

jugar con
videojuegos

el salón recreativo

el monje
mendigando

el taxi

el gentío

el rascacielos

el gran centro
comercial

las chicas
a la moda *cosplay*

el paso de
peatones

vestir
el traje
tradicional

En todos los países existen grandes ciudades. Algunas de ellas, llamadas megalópolis, son enormes y están muy pobladas.

En la ciudad es más fácil encontrar trabajo, divertirse, aprender y adquirir una cultura, hacer compras, conocer gente...

Más de la mitad de la población de nuestro planeta vive en ciudades. La consecuencia de esto es que las zonas rurales se vacían.

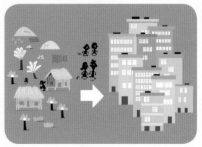

# 🎲 JUEGOS PARA TODOS

Divertirse es algo que les encanta a grandes
y pequeños de todos los lugares del mundo, ya sea
solos o en grupo.

el *mah jong* en China

el juego del agujero que sube en Suiza

el juego del truco en Argentina

el juego del *carrom* en la India

jugar a los dinosaurios en Sudáfrica

montar tu cochecito en Senegal

el juego del salto inuit

la cometa en Afganistán

jugar al *mölkky* en Finlandia

jugar al béisbol en los Estados Unidos de América

¿Sueles jugar con la consola o con tu tableta? Hay muchos niños que no disponen de estos juguetes porque cuestan demasiado dinero.

En la mayor parte del mundo, los niños se divierten jugando a la pelota, con muñecas, a las canicas... ¡Todos estos juegos son muy sencillos!

Jugar sirve para relajarse, pensar, adquirir habilidades, tener buenos reflejos, desarrollar la imaginación... ¡Es bueno para todos los niños!

Las escuelas del mundo **72**
Las fiestas del mundo **86**

# LOS NÓMADAS DE MONGOLIA

Algunos pueblos se desplazan continuamente con sus rebaños: son nómadas. Estos que ves son de Mongolia, un país de Asia.

el tubo de la estufa

el rebaño de ovejas

acampar

el televisor

la gran cama común

el panel solar

la puerta de madera

calentarse junto al fuego

la alfombra

la yurta

recoger los excrementos de camello para quemarlos

el camello

# ¿POR QUÉ LOS NÓMADAS VIAJAN TODO EL TIEMPO?

cazar con un águila

el caballo mongol

la estepa

la cabra

la carreta para llevar la yurta desmontada

el yak

Los nómadas mantienen desde hace miles de años la costumbre de desplazarse. No tienen casas en un sitio fijo. ¡Son libres!

Ajustan sus desplazamientos al cambio de las estaciones para que sus rebaños tengan hierba fresca que comer. Otros viajan en busca de caza.

Algunos acaban instalándose en la ciudad. Quizá porque les apetece vivir como el resto del mundo. ¿A ti te gustaría ser nómada?

# LAS CASAS DEL MUNDO

Las casas pueden ser muy diferentes de un país a otro. Pero en todas ellas la gente se siente a salvo del mal tiempo y de los peligros.

la casa de tierra tradicional en Benín

la casa de los bais en China

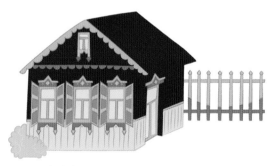

la isba rusa de madera

la casa con el tejado de hierba en Islandia

la casa de hojas de cocotero en las islas Seychelles

la casa de entramado de madera en Alemania

la cabaña de los korowais
en Nueva Guinea

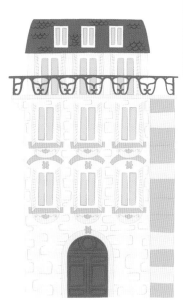

el edificio de viviendas

Las casas tradicionales se fabrican con materiales que se encuentran en el mismo lugar. En Canadá, por ejemplo, abunda la madera.

Su arquitectura también depende del clima. En la montaña, los tejados de las casas están muy inclinados para que la nieve se deslice hacia abajo.

la casa troglodita excavada en la roca en Irán

Las casas redondas, como las de Nueva Caledonia, son muy agradables para reunirse con la familia o amigos. ¿Cuál sería la casa de tus sueños?

el barrio de chabolas

Las escuelas del mundo **72**
Los grandes monumentos **88**

# EN LA ALTA MONTAÑA

Los quechuas viven en los Andes, unas montañas que se alzan en América del Sur. Allá arriba su vida es sencilla, pero dura.

el cóndor

el cercado

criar las llamas para obtener lana y carne

la llama

las ovejas

tejer la lana

ocuparse de los niños

la casita de adobe

la quinoa

plantar patatas

el maíz

la alpaca

pescar

recoger leña
para el fuego

tocar
la flauta

cazar

el altiplano

mascar hojas de coca

cultivar
la tierra

# ¿ES DIFÍCIL VIVIR EN LO ALTO DE UNA MONTAÑA?

Los quechuas viven en montañas de difícil acceso, aislados, y soportan un clima muy frío y seco en invierno.

A gran altitud se respira peor, pero el organismo de los quechuas está adaptado a ello. Y sus trajes de lana los protegen del frío.

Viven de la ganadería y la agricultura. No disponen de electricidad ni de agua corriente. ¡Pero se ayudan unos a otros!

# 💼 LAS ESCUELAS DEL MUNDO

Ir al colegio es importante para todos los niños del mundo. Sin embargo, las escuelas a veces son diferentes unas de otras.

la clase masificada en Mali

la clase a distancia en Australia

la clase de costura en Finlandia

la clase de las niñas en Arabia Saudí

la escuela flotante en Camboya

los alumnos con uniforme escolar en Inglaterra

la escuela al aire libre en la India

## ¿TODOS LOS NIÑOS VAN A LA ESCUELA?

Eres una persona afortunada: en la escuela adquieres conocimientos que te ayudan a entender el mundo y a hacerte adulto.

Sin embargo, en muchos lugares del mundo hay niños que no pueden estudiar. Son pobres y tienen que trabajar para ayudar a sus familias.

Para otros niños, la dificultad reside en el trayecto que deben recorrer hasta llegar al cole. En Nepal, ¡deben caminar horas para ir a clase!

Juegos para todos 64

¡En marcha! 82

# UN MERCADO EN COSTA DE MARFIL

¡En África, los mercados son muy animados y coloridos!
Son lugares de encuentro para comprar y vender productos,
y también para charlar.

los productos de belleza

las plantas medicinales para curar a los enfermos

los medicamentos

las figuritas

las máscaras

pagar

intercambiar noticias

vender los productos que se han cultivado

las piñas

los cocos

los ñames

los plátanos

vender *alloco*, un plato cocinado

transportar las provisiones en la cabeza

las chanclas

traer la carne

las especias

el vendedor ambulante

elegir telas

descansar

regatear

los cereales

# ¿EN QUÉ CONSISTE REGATEAR?

Cuando tus padres compran un producto, un kilo de manzanas, por ejemplo, su precio ya está fijado. ¡No se puede cambiar!

En África, sin embargo, es costumbre regatear. El cliente, sea rico o pobre, intenta que el vendedor baje el precio propuesto.

Discuten un buen rato antes de llegar a un acuerdo sobre el precio. Al final, ¡ambos deben quedar satisfechos!

África **52**

¡A la mesa! **76**

# 🍲 ¡A LA MESA!

Cada país tiene sus platos tradicionales, ya sea para determinadas festividades o para todos los días. Además, no todo el mundo come de la misma manera. ¡Que aproveche!

en Tailandia
se come con palillos

en Marruecos
se coge el cuscús con los dedos

el cucurucho de patatas fritas en Bélgica

el pescado crudo en Japón

los caracoles rellenos en Francia

el caviar y los blinis en Rusia

los tacos
en México

el pastel de carne
de canguro
en Australia

las empanadas
en Argentina

las sardinas asadas en Portugal

## ¿SE COME EN TORNO A UNA MESA EN TODOS LOS LUGARES?

Tú estás acostumbrado a sentarte a la mesa en una silla a comer. Pero no sucede igual en todos los pueblos del mundo: depende de las costumbres.

En el Sahara, los tuaregs toman los alimentos sentados en el suelo alrededor de un gran plato común. ¡Y comen muy rápido!

En Asia se suele comer agachado junto a una mesita baja o en el suelo. Para los asiáticos resulta una postura muy cómoda. ¿Y para ti?

Las casas del mundo **68**
Un mercado en Costa de Marfil **74**

# LA BELLEZA

Según los países, la belleza puede adquirir
formas variadas ¡y a veces sorprendentes!

el cuerpo pintado de rojo
de los himbas en Namibia

la pintura corporal de los papúes de la tribu huli
en Papúa Nueva Guinea

el collar de aros de las
padaungs, las «mujeres-
-jirafa», en Birmania

el disco labial de las mujeres
mursis en Etiopía

el tocado de plumas de colores
de los indios kapayós

Lo que a unas personas les parece bonito no lo es necesariamente para otras. ¿A ti te gustan los tatuajes de los maoríes?

Ser guapo significa resultar agradable a la vista. Para algunos una persona guapa tiene que ser delgada, para otros, más bien rellenita.

La belleza depende de cómo nos sintamos... ¡Lo importante es que todos somos diferentes y merecemos ser queridos tal como somos!

los tatuajes de los maoríes
en Nueva Zelanda

las supermodelos
en Italia

el *piercing*
en Europa

el concurso de las «reinas de la belleza infantiles» en EE. UU

79

# POR LAS CARRETERAS AMERICANAS

Largas carreteras cruzan los Estados Unidos
de América. La célebre Ruta 66 atraviesa
casi todo el país y recorre grandes espacios.

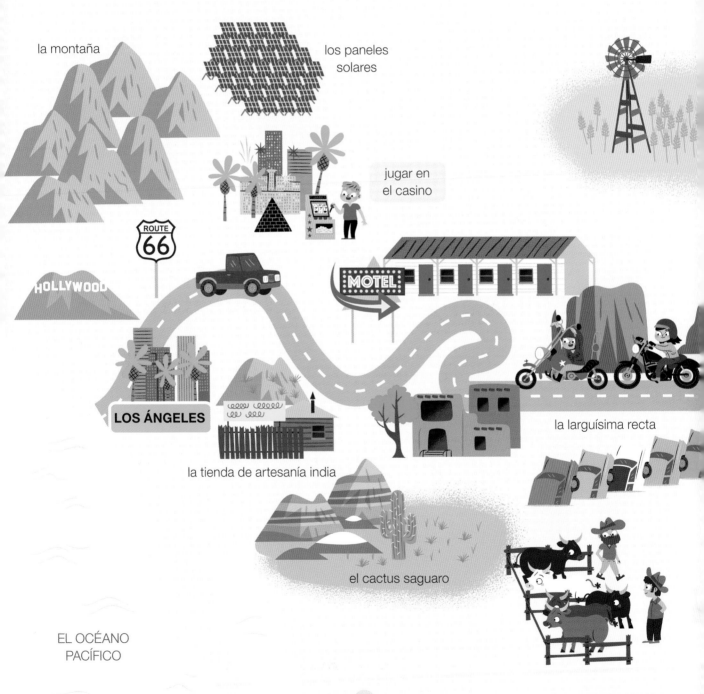

la montaña

los paneles
solares

jugar en
el casino

ROUTE
66

HOLLYWOOD

MOTEL

la larguísima recta

LOS ÁNGELES

la tienda de artesanía india

el cactus saguaro

EL OCÉANO
PACÍFICO

los silos
de grano

la torre
Willis

CHICAGO

el lago
Míchigan

llenar el depósito
en la vieja gasolinera

la granja

el refugio antitornados

ROUTE
66

el tornado

contemplar
a los bisontes

el rancho

criar vacas

conocer a los indios cheroquis

los pozos
de petróleo

EL OCÉANO
ATLÁNTICO

## ¿SIGUE HABIENDO VAQUEROS EN AMÉRICA?

En las películas del Oeste,
los vaqueros se enfrentan a los
bandidos y salvan a las personas.
¡Son valientes, son héroes!

En realidad, los vaqueros son
ganaderos de vacas. Antiguamente
solían viajar en compañía de sus
rebaños.

Ya no se enfrentan con revólveres,
pero siguen montando a caballo,
llevan sombrero y capturan las vacas
a lazo.

América del Norte **48**
¡En marcha! **82**

# 🚐 ¡EN MARCHA!

Existen mil y un medios de transporte tradicionales en el mundo. La gente se desplaza con máquinas que ruedan, vuelan o navegan, a lomos de un animal o a pie.

la bicicleta en China

la avioneta en Australia

el taxi amarillo en Nueva York,
en los Estados Unidos de América

el tuk-tuk en Sri Lanka

la barca de los maadans en Irak

el abra en Dubái

el taxi colectivo en Senegal

la chiva en Colombia

el autobús de dos pisos en Londres, en Gran Bretaña

el autobús escolar en los Estados Unidos de América

**¿HAY COCHES EN TODOS LOS LUGARES DEL MUNDO?**

En algunos países se utiliza mucho el coche. Es un medio de transporte muy práctico, ¡aunque contaminante!

Los hay en todos los países, pero muchas personas son demasiado pobres para costeárselos, ya que un coche es muy caro.

Los transportes tradicionales se adaptan mejor a ciertos terrenos. El caballo, por ejemplo, no necesita desplazarse por carretera.

Los nómadas de Mongolia **66**
En las carreteras americanas **80**

# EN UNA ISLA DEL PACÍFICO

En el océano Pacífico hay miles de islas. ¡Algunas son diminutas! En todas ellas se disfruta del sol y se vive muy cerca del mar.

el arrecife de coral

el cocotero

descansar en una hamaca

la laguna

el hotel

el espectáculo de danza

las tortugas marinas

bañarse

la playa

los submarinistas

el bungaló sobre pilotes

la raya pastinaca

el tiburón punta negra

el transbordador

EL OCÉANO PACÍFICO

el pueblo

vender pescado

la pesca con arpón

los turistas

el pez dorado-delfín

hacer collares de perlas

participar en una carrera de piraguas

Las islas polinesias son muy bonitas: el sol, las arenas blancas, los cocoteros, el mar... ¡Muchos turistas sueñan con vivir allí!

Pero los polinesios no están de vacaciones. Trabajan en el sector del turismo, en la ciudad... o buscan otros empleos.

Están aislados, el agua dulce escasea, la vida es cara... ¡Pero les encantan su isla y sus tradiciones! ¿A ti te gustaría vivir allí?

Bajo el océano 26

Oceanía 56

# LAS FIESTAS DEL MUNDO

En todo el planeta, los pueblos celebran sus propias fiestas, según sus costumbres y creencias.
¡Es un tiempo de alegría para todos!

el *pow-wow* de los amerindios

el Año Nuevo chino

el carnaval de Río, en Brasil

el Festival de los Colores en la India

el Día de los Muertos en México

el Día de San Patricio en Irlanda

la danza de los hombres wodaabes en Níger, al finalizar la estación de las lluvias

los *castells* en Cataluña, España

el Día de la Independencia en los Estados Unidos de América

**las fiestas que se celebran en el mundo entero**

la Navidad

el Aïd el-Kébir

el Janucá

Para ti la Navidad significa Papá Noel, los Reyes Magos, el abeto, la nieve... Pero no todos los países la celebran de la misma manera.

En España, a los niños y niñas les entregan los regalos el 6 de enero. En el Reino Unido, los reciben dentro de grandes calcetines.

En Australia se celebra la Navidad en pleno verano, ya que allí las estaciones están invertidas. ¡Papá Noel llega también a la playa!

África **52**

La belleza **78**

# LOS GRANDES MONUMENTOS

Desde hace miles de años, los hombres
construyen magníficos edificios que resisten
al paso del tiempo.

la iglesia de madera
de Borgund

Stonehenge

el Kremlin

el Atomium

la Acrópolis

la ciudad
de Petra

la mezquita
Koutoubia

las pirámides
de Giza

la Kaaba

la mezquita de Djenné

la iglesia de
San Jorge
de Lalibela

el monumento
al Renacimiento
Africano

la Gran
Muralla
China

el castillo
de Himeji

el templo
de Angkor Wat

el Taj Mahal

la Ópera
de Sídney

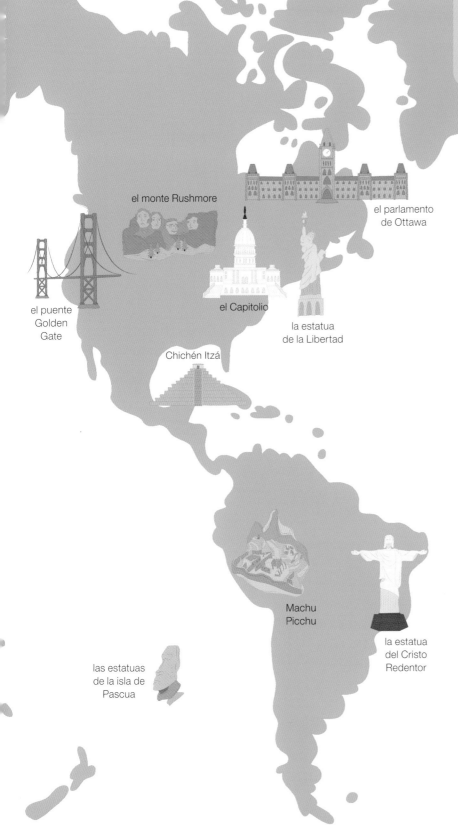

el monte Rushmore

el puente Golden Gate

el Capitolio

la estatua de la Libertad

el parlamento de Ottawa

Chichén Itzá

Machu Picchu

la estatua del Cristo Redentor

las estatuas de la isla de Pascua

# ¿PARA QUÉ SIRVEN LOS MONUMENTOS?

Mucha gente conoce estos monumentos, incluso sin haberlos visto de verdad. A menudo representan a un país.

Muchos de ellos recuerdan momentos importantes de la historia. Algunos, como las iglesias, están vinculados a la religión, a las creencias.

Otros no tienen una función; solo son bonitos u originales. ¿Ya has visitado la torre Eiffel, en París?

Las maravillas de la naturaleza **30**

Las casas del mundo **68**

# ¡PONTE A PRUEBA!

En tu opinión, ¿cuál de estos personajes vive en América? ¿Cómo lo has adivinado?

Localiza a estos niños
en la imagen de su aula.

¿Cuál de estos personajes está tatuado? ¿Cuál lleva *piercings*? ¿Cuál se pinta el cuerpo?

Fíjate en estas dos imágenes y encuentra las cinco diferencias.

Observa estas dos escenas.
¿Qué hacen los personajes?
¿Puedes imaginar qué se están diciendo?

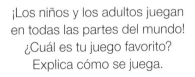

¡Los niños y los adultos juegan
en todas las partes del mundo!
¿Cuál es tu juego favorito?
Explica cómo se juega.

## A

abismos marinos 27
Acrópolis 88
Afganistán 50, 65
afluente 25
África 10, 12, 46, 52, 53, 58, 74, 75
agricultor 16, 17
agua 15, 22, 23, 24, 25, 26, 27, 41
agua de mar 15, 27
agua dulce 23, 85
agua salada 15, 23, 27
Aïd el-Kébir 87
Alaska 48
Albania 54
albufera 26
Alemania 54, 68
Alpes 8, 21
altiplano 71
altitud 71
Amazonas 23
América 34, 47, 81, 90
América del Norte 48
América del Sur 12, 49, 70
amerindios 86
Amur 22
Andes 9, 70
Andorra 54
Angola 52
animal 7, 9, 17, 18, 19, 26, 32, 33, 34, 35, 57, 59, 82
Antártida 19, 46, 57, 59
Antillas 49
Año Nuevo chino 86
Apalaches 9
Arabia Saudí 50, 72
árbol 10, 13, 15, 34, 38
Argelia 53
Argentina 49, 64, 77
Armenia 50
arquitectura 69
arrecife de coral 27, 84
arroyo 24, 25
Asia 12, 21, 32, 40, 46, 47, 50, 51, 62, 66, 77
Atacama 31
Atlas 8
atolón de Aldabra 30
Atomium 88
Australia 41, 56, 72, 77, 82, 87
Austria 54
Azerbaiyán 50

## B

Bahamas 49
bahía 24
bahía de Hudson 23, 48
bais 68
bandera 44, 45
Bangladés 50
banquisa 14, 15, 34
bañarse 84
Baréin 50
barrera de hielo Filchner-Ronne 57
barrera de hielo de Ross 57
barrio 38, 39, 42, 58, 69
bayous 31
Bélgica 54, 76
Belice 48
belleza 74, 78, 79
Benín 52, 68
Bielorrusia 54
Birmania 50, 78
Bolivia 49
Bosnia y Herzegovina 54
bosque 16, 20, 28
Bosque de Piedra 30
Botsuana 52
Brasil 9, 13, 44, 49, 86
Brasilia 44
brújula 49
Brunéi 51
Bulgaria 54
Burkina Faso 52
Burundi 52
Bután 50

## C

cabo de Hornos 23, 49
cadena montañosa 20
caldera de Santorini 30
calle 39
Calzada de los Gigantes 30
Camboya 50, 73
Camerún 52
campesino 17
campiña 16
Canadá 48, 69
canal de la Mancha 22, 54
Canarias 53
capital 43, 44, 45, 59, 62
Capitolio 89
carnaval de Río 86
carretera 13, 16, 41, 80, 83
carta náutica 41
casa 39, 42, 67, 68, 69, 70
cascada 25, 35
castillo de Himeji 88

Cataluña 86
Catar 50
cataratas de Iguazú 31
Cáucaso 8
Chad 52
charca 10, 24
Chicago 81
Chichén Itzá 89
Chile 49
China 43, 50, 51, 64, 68, 82
Chipre 45, 50
ciénaga 25
científico 14, 57
circo glaciar 20
ciudad 33, 39, 41, 42, 43, 59, 62, 63, 67, 87
ciudad de Petra 88
Ciudad del Vaticano 51, 54
clima 9, 69, 71
colina 17
Colinas de Chocolate 30
Colombia 49, 83
Colorado 23
comer 27, 62, 76, 77
Comoras 52
Congo (país) 52
Congo (río) 22
continente 43, 46, 47, 56, 57
Cook 56
cordillera de los Andes 9
Corea del Norte 51
Corea del Sur 51
costa 41
Costa de Marfil 52, 74
Costa Rica 48
cráter 29
creencia 86, 89
Croacia 54
Cuba 49
cuenca del Congo 8
cueva de hielo de Kungur 30
cueva submarina 26
cumbre 21, 33

## D

Danubio 22
Darling 22
deforestación 13
delta del Okavango 30
deriva continental 47
descansar 75, 84
desembocadura 24
deshielo 15
desierto 8, 17, 18, 19, 31, 33, 34, 57
desierto de Arabia 8

desierto de Atacama 31
desierto de Gobi 8, 19
desierto del Kalahari 8
desierto del Sahara 8, 17, 18, 19, 77
desierto helado 57
desplazarse 27, 67, 83
día 15, 19
Día de la Independencia 86
Día de los Muertos 86
Día de San Patricio 86
Dinamarca 48, 54
distancia 41, 72
dosel arbóreo 13
Dubái 82
duna 18

## E

ecuador 53
Ecuador 49
Egipto 53
Emiratos Árabes Unidos 50
Eritrea 52
erosión 21, 31
escuela 39, 72, 73
Eslovaquia 54
Eslovenia 54
España 11, 13, 43, 53, 54, 86, 87
estación 11, 53, 67, 86, 87
estación húmeda 11
estación seca 11
Estados Unidos de América 48, 56, 65, 79, 80, 81, 82, 83, 86
estalactita 28
estalagmita 28
estatua de la Libertad 89
estatua del Cristo Redentor 89
estatuas de la isla de Pascua 89
este 49
estepa 67
Estonia 54
estrato geológico 29
Etiopía 52, 78
Europa 40, 46, 51, 54, 55, 79
Everest 21
Everglades 31
extraer agua 19

## F

falla 27
Festival de los Colores 86
fiesta 86, 87

Filipinas 51
Finlandia 54, 65, 72
fiordo de Geiranger 30
fondos marinos 26
Francia 45, 49, 52, 54, 56, 76
frontera 44, 45
fuente hidrotermal 26

## G

Gabón 52
Galápagos 49
Gambia 52
Ganges 22
géiser Strokkur 30
Georgia 50
Ghana 52
Gibraltar 54
glaciar 21, 31
globo terráqueo 40, 53
gobierno 43, 44, 45
Golden Gate 89
golfo de Bengala 22, 50
golfo de México 23, 48
Gran Agujero Azul 31
Gran Bretaña 83
Gran Cañón 31
Gran Desierto de Victoria 8
Gran Llanura Europea 8
Gran Muralla China 88
Grandes Lagos 23
Grandes Llanuras 9
Grecia 54
Groenlandia 17, 48
gruta 28, 33
Guam 56
Guatemala 48
Guayana 49
Guayana Francesa 49
Guinea 52
Guinea Ecuatorial 52
Guinea-Bissau 52

## H

Haití 49
Hawái 56
hemisferio 53
hielo 14, 15, 23, 33, 57
Himalaya 8, 21
himbas 78
Honduras 48
Hungría 54

## I

iceberg 15
iglesia de madera de
Borgund 88
iglesia S. Jorge de Lalibela 88

incendio de matorrales 11
India 50, 64, 73, 86
indios cheroquis 81
indios kayapós 78
indios yawalapitis 12
Indo 22
Indonesia 50
Inglaterra 73
inuit 65
invierno 11, 15, 16, 19, 53, 71
Irak 50, 82
Irán 50, 69
Irlanda 54, 86
isla 45, 56, 84, 85
isla de Pascua 49, 89
Islandia 54, 68
islas Baleares 54
islas Canarias 53
islas Cook 56
islas Feroe 54
islas Fiyi 56
islas Galápagos 49
islas Malvinas 49
islas Marianas del Norte 56
islas Marshall 56
islas Midway 56
islas polinesias 85
islas Salomón 56
islas Samoa 56
islas Shetland del Sur 57
Israel 50
Italia 51, 54, 79

## J

Jamaica 49
Janucá 87
Japón 51, 62, 76
Jordania 50
juego 62, 64, 65, 91
jugar 62, 64, 65, 80

## K

Kaaba 88
Kalahari 8
Kazajistán 50
Kenia 52
Kirguistán 50
Kiribati 56
korowais 69
Kosovo 54
Kremlin 88
Kuwait 50

## L

lago 23, 25
lago Baikal 22
lago Eyre 22
lago Natron 30

lago Titicaca 23
lago Victoria 22
laguna 24, 84
Laos 50, 51
lava 29
Lena 22
lengua oficial 44, 45
Lesoto 52
Letonia 54
ley 44, 45
Líbano 50
Liberia 52
Libia 53
Liechtenstein 54
Lituania 54
llanura 26, 40
llover 25
lluvia 11, 12, 21, 31, 86
lluvia ácida 27
Londres 43, 45, 83
Los Ángeles 80
Luxemburgo 54

## M

maadans 82
Macedonia 54
Machu Picchu 89
Madagascar 52
Madeira 53
magma 29
Malasia Oriental 51
Malasia Peninsular 50
Malaui 52
Mali 53, 72
Malta 54
manantial 24, 25, 35
manglar 28
maoríes 79
mapa 38, 40, 41, 43, 49, 53, 58, 59
mapa de carreteras 41
mapa físico 40
mapa político 40
mapamundi 40
mar 22, 23, 24, 25, 27, 28, 41, 84, 85
mar Arábigo 22, 50
mar Báltico 54
mar Caribe 23, 48
mar Caspio 22, 55
mar de Barents 22
mar de Bering 22
mar de China 51
mar de Kara 22
mar de Labrador 23
mar de Noruega 22, 54
mar de Ojotsk 22
mar de Siberia oriental 22
mar del Japón 22, 51
mar del Norte 22, 54

mar Mediterráneo 22, 53, 54
mar Negro 22, 55
mar Rojo 22, 53
Marruecos 53, 76
masái 10
Mauricio 52
Mauritania 53
Mayotte 52
medio de transporte 82, 83
megalópolis 63
Mekong 22
mercado 74
meseta de Brasil 9
México 48, 77, 86
mezquita de Djenné 88
mezquita Koutoubia 88
Micronesia 56
mineral 27
ministro 44, 45
Misisipi 23
Misuri 23
Moldavia 54
Mónaco 54
moneda 44, 45, 59
Mongolia 50, 66
montaña 20, 21, 26, 31, 33, 40, 69, 70, 71, 80
montañas Rocosas 9
monte Fuji 30
monte Rushmore 89
monte Uluru 30
Montenegro 54
montes Urales 8
monumento 88, 89
monumento al Renacimiento
Africano 88
Mozambique 52
Murray 22

## N

Namibia 52, 78
Nauru 56
Navidad 87
Nepal 50, 73
Nicaragua 48
nieve 14, 15, 69, 87
Níger 22, 53, 86
Nigeria 52
Nilo 22
niño/niña 65, 72, 73, 90, 91
noche 15, 18, 19
nómada 66, 67
norte 49, 53
Noruega 54
nube 25
nubes de cenizas 29
Nueva Caledonia 56, 69
Nueva Guinea 69
Nueva York 82
Nueva Zelanda 56, 79

## O

oasis 19
Obi 22
Oceanía 46, 56
océano 14, 15, 22, 23, 26, 27, 33, 46
océano Ártico 23, 48, 51
océano Atlántico 23, 48, 49, 52, 53, 54, 57, 81
océano Índico 22, 50, 52, 57
océano Pacífico 23, 26, 48, 49, 51, 56, 57, 80, 84, 85
oeste 49
Okavango 30
ola 26
Omán 50
Ópera de Sídney 88
orientarse 49
Orinoco 23
otoño 11
Ottawa 89

## P

padaungs 78
país 11, 13, 40, 41, 43, 44, 45, 51, 55, 57, 59, 63, 66, 76, 78, 80, 83, 87, 89
país templado 11
paisaje 7, 8, 9, 28, 30, 31
Países Bajos 54
Pakistán 50
Palestina 50
pampa 9
Pan de Azúcar 31
Panamá 48
panorama 20
Papúa Nueva Guinea 56, 78
papúes de la tribu huli 78
Paraguay 49
Paraná 23
París 45, 89
parlamento de Ottawa 89
parque de los Arcos 31
pasto alpino 20
Patagonia 31
pedrera 21
pendiente 21
península antártica 57
Perito Moreno 31
Perú 49
pico 21
pirámides de Giza 88
piso alpino 20
piso basal 20
piso montano 20
piso nival 20
piso subalpino 20

pitón de la Fournaise 30
planeta azul 22
planisferio 40
plano 38, 39, 49, 58
plantación 16
plato tradicional 76
playa 24, 26, 84, 87
población 63
Polinesia Francesa 56
polinesio 85
polo 23
Polo Norte 14
Polo Sur 57
Polonia 54
Portugal 53, 54, 77
pozo de hielo 29
pozos 19
pozos de petróleo 81
pradera 16
prado 16
presa 25
presidenta/e de la República 44, 45
primavera 11
pueblo 13, 17, 51, 57, 66, 77, 85
Puerto Rico 49
puntos cardinales 49

## Q

quechuas 70, 71

## R

regatear 75
regato 25
regiones naturales 8
reina 45, 79
reino 45
Reino Unido 43, 45, 54, 87
relieve 40, 41
religión 89
República Centroafricana 52
República Checa 54
República Democrática del Congo 52
República Dominicana 49
reserva de Scandola 30
Reunión 52
Rin 22
río 23, 24, 25, 27, 31, 35, 41
río Amarillo 22
río Bravo 23
Río de Janeiro 31, 86
roca 20, 27, 29, 31, 69
Ruanda 52
Rumanía 54
Rusia 50, 51, 54, 55, 77
Ruta 66 80

## S

sabana 8, 10, 11, 34
Sahara 8, 17, 18, 19, 77
Sahel 8
sal 27
salar de Uyuni 31
Salvador 48
Samoa 56
San Francisco 23
San Lorenzo 23
San Patricio 86
Santo Tomé y Príncipe 52
Santorini 30
secuoya gigante 28, 34
selva 12, 13
selva amazónica 9, 12, 13
selva boreal 9, 34
selva templada 8
selva tropical 9, 12, 13, 34
Senegal 52, 64, 83
Serbia 54
seta rocosa 29
Seychelles 52, 68
Shetland del Sur 57
Siberia 8
Sídney 88
Sierra Leona 52
Singapur 50
Siria 50
Somalia 52
Sri Lanka 50, 82
Stonehenge 88
Suazilandia 52
Sudáfrica 52, 64
Sudán 52
Sudán del Sur 52
Suecia 54
Suiza 54, 64
sur 49, 53
Surinam 49

## T

Tailandia 50, 76
Taiwán 51
Taj Mahal 88
Tanzania 52
Tasmania 56
Tassili n'Ajjer 30
Tayikistán 50
templo de Angkor Wat 88
tepuy del Salto del Ángel 31
territorio 44
Tierra Adelia 57
Tierra de la Reina Maud 57
Tierra de Wilkes 57
Timor Oriental 51
Togo 52

Tokio 62
Tonga 56
tornado 81
torre Eiffel 89
torre Willis 81
trabajar 55, 73, 85
tradición 85
trigal 17
tuaregs 18, 77
tundra 8
Túnez 53
turista 85
Turkmenistán 50
Turquía 50, 54
Tuvalu 56

## U

Ucrania 54
Uganda 52
uniforme 73
Unión Europea 55
Urales 8
Uruguay 49
Uzbekistán 50

## V

vacaciones 85
valle del Rift 8
Vanuatu 56
vaquero 81
vegetación 8, 10
Venezuela 49
verano 11, 15, 16, 53, 87
viajar 67, 81
Vietnam 50
volcán 29
volcán de lodo 28
Volga 22

## W

Wallis y Futuna 56

## Y

Yangtsé 22
Yemen 50
Yeniséi 22
Yibuti 52
Yugoslavia 45
Yukón 23

## Z

Zambeze 22
Zambia 52
Zimbabue 52
zonas rurales 63